AF482854

† Joseph Doumani

ÉVÊQUE GREC-MELCHITE-CATHOLIQUE
DE TRIPOLI DE SYRIE, ETC.

Une année et demie d'Épiscopat

EN SYRIE

Monseigneur J. Doumani

Évêque de Tripoli

PAR

L'ABBÉ L. M. DUBOIS

DOCTEUR EN THÉOLOGIE, LICENCIÉ EN DROIT CANON

MISSIONNAIRE APOSTOLIQUE

CHANOINE HONORAIRE DE TRIPOLI

DE SYRIE

PARIS

LIBRAIRIE SALÉSIENNE

9, rue du Retrait, 9

1898

Paris, Hôtel Fénélon, rue Férou N° 11

1er Septembre 1898

MON BIEN CHER CHANOINE,

Tout en reconnaissant que je ne mérite pas les éloges de votre fidèle amitié, dont je remercie le Seigneur, j'approuve le présent opuscule pour la plus grande gloire de Dieu et le bien de mon diocèse.

Puisse-t-il faire comprendre, à nos amis, à leurs connaissances, à vos excellents catholiques de France, la pénible et difficile situation dans laquelle je me trouve et les douleurs qui déchirent mon cœur d'évêque.

Avec quelques ressources, j'aurais promptement, je l'espère, en m'appuyant sur la grâce de Dieu, multiplié les enfants de l'Église.

Je dois en voir un grand nombre se perdre à cause de ma pauvreté qui me réduit à l'impuissance.

Est-il une peine plus grande pour un cœur de père, alors surtout que la mission dont Notre-Seigneur m'a imposé le fardeau est de les éclairer et de les ramener à l'unité?

Puissent tous les vrais chrétiens entendre votre appel! Je sais bien que des œuvres nombreuses sollicitent les secours des bons, que ce sont toujours les mêmes portes qui s'ouvrent, mais je n'ignore pas aussi que la charité est tellement bénie par N.-S. Jésus-Christ et sa divine Mère, qu'on ne peut pas la lasser.

Le Sauveur sera toujours aimé par de nobles cœurs, et ceux-ci trouveront de nouvelles joies à s'imposer des privations pour qu'il soit aimé davantage par de nouveaux frères dans l'Église de Dieu.

Je vous bénis de toute mon âme, mon bien cher chanoine et ami, comme je bénis par avance les catholiques qui viendront à mon secours, m'engageant à prier pour eux avec tout mon clergé et à les recommander au Rédempteur des âmes et à la très Sainte Vierge.

Croyez à l'expression de mon plus sincère dévouement et à toute la reconnaissance de votre fidèle ami en Notre-Seigneur Jésus-Christ

☩ **Joseph Doumani Évêque**
GREC-MELCHITE-CATHOLIQUE DE
TRIPOLI DE SYRIE ETC.

UNE FAMILLE DE MARTYRS

Tertullien a dit cette belle parole : Le sang des martyrs est une semence de chrétiens. Ne pouvons-nous pas la compléter ainsi : Le sang des martyrs est une semence de ministres de Jésus-Christ ?

Il en fut ainsi pour Monseigneur Doumani né à Damas, le 10 avril 1850.

Son père apparaît comme l'un de ces fidèles dont la foi courageuse et aimable, impose le respect en même temps qu'elle attire l'affection.

Sa vénérable et digne mère ressembla à celles que nous voyons au berceau des Basile, des Grégoire de Nazianze, des Chrysostome et des Augustin.

L'un et l'autre ont conservé dans leurs foyers ces mœurs orientales des anciens patriarches si belles quand on les considère au point de vue religieux.

Le mariage des trois frères ne les a pas séparés. Les nouveaux ménages sont restés groupés sous le même toit, obéissant à la même autorité du chef de la famille qui est leur aïeule paternelle.

Ainsi, encore aujourd'hui, une seule table rassemble à l'heure des repas, trente à quarante personnes de tout âge unies par le sang, l'affection et la foi. Le matin et le soir, toute la tribu domestique lève les mains vers le ciel, invoquant, dans les harmonies délicieuses de la prière, le Père de toute créature. La voix des petits se mêle à celle des vieillards, celle des mères se joint aux accents des jeunes filles, et le cœur d'un Dieu infiniment miséricordieux garde ce foyer dans l'amour et dans la paix.

Cependant la persécution l'avait un jour attristé ou plutôt en avait montré la sainteté.

Le 9 juillet 1860, des cris sauvages retentissaient dans les rues de Damas, accompagnés des battements du tambour et du son des cymbales.

L'effroi s'empara des cœurs. Que voulaient dire ces bruits inusités ? Après quelques instants, la lumière se faisait dans les esprits. C'était la mort.

Les ennemis de la foi catholique: Druses, Kurdes et Bédouins, portant des drapeaux et des étendards et armés jusqu'aux dents avaient envahi la ville. Les appels des victimes que l'on massacrait, le fracas des portes que l'on renversait, les lueurs de l'incendie indiquaient que le martyre attendait les fidèles de Jésus-Christ.

Les femmes et les filles étaient seules dans la demeure de M. Doumani sorti dans la ville. Ses plus jeunes enfants, Joseph et son frère, se trouvaient à l'école.

Aussitôt, spectacle admirable de courage chrétien ! devant une de ces images de la très sainte Vierge qui se trouvent en Orient dans tous les foyers, devant laquelle on prie, que l'on honore tous les samedis en allumant une lampe à ses pieds, la mère s'agenouilla en s'abîmant dans une longue et profonde prière et recommanda à la Reine du ciel son mari et ses trois enfants : sa fille Hélène et ses deux frères.

Les Druses frappèrent à la porte de la maison avec une violence extrême résolus à l'enfoncer. Les coups de massue se succédèrent. La chrétienne continua son oraison, sans en paraître émue.

Effrayées, l'aïeule avec ses brus, suivies de leurs enfants et d'Hélène elle-même, s'approchèrent de Madame Doumani à plusieurs reprises pour l'entraîner au dehors; mais celle-ci, plus recueillie et toujours paisible, levait chaque fois ses mains jointes, pour leur faire signe de la laisser invoquer Dieu et la Très-Sainte Vierge Marie.

Chose étrange, tant que dura sa prière, les efforts des ennemis furent impuissants.

Enfin elle se tint debout et put sortir avec celles qui l'entouraient pour se retirer dans une maison musulmane et voisine qui lui avait offert un abri.

Quand elle fut loin du danger avec ses enfants, les Druses entrèrent dans la maison et, ne trouvant personne, ils pillèrent l'habitation et l'incendièrent.

Mais pourquoi cette longue supplication de la chrétienne à l'heure où de si grands dangers la menaçaient?

Ah ! que les voies de Dieu sont impénétrables !

Pendant que Madame Doumani implorait ainsi le secours de Marie, ses fils et le père de ses enfants étaient exposés aux plus grands périls.

Les Druses s'étaient présentés devant la maison d'école. Le maître en avait fait barricader la porte par d'énormes pierres, et les enfants groupés autour de lui attendaient dans l'angoisse et la prière.

Vainement l'ennemi tenta-t-il de joindre les chers innocents pour les mettre à mort. Ses efforts furent inutiles. Il conçut alors le dessin infernal d'incendier la construction qui était en planches.

Bientôt les flammes s'élevèrent et entourèrent les enfants qui poussaient des cris de terreur.

Le jeune Doumani, alors âgé de dix ans fut arraché à la tombe par une circonstance providentielle. Il se trouva tout à coup dans la rue, portant son jeune frère à califourchon sur ses épaules, sans savoir comment il y avait été jeté. Ses pieds étaient brûlés, il ne le sentait pas. Son frère avait également une grave plaie au dos.

Les deux enfants se rendirent au domicile de leurs parents. La maison n'était plus qu'un monceau de ruines fumantes.

Pendant trois jours, les infortunés errèrent dans les rues de Damas, mendiant leur pain et réclamant leurs parents à tous ceux qu'ils rencontrèrent.

A l'heure où Joseph et son frère échappaient miraculeusement aux flammes, leur père endurait de son côté le martyre.

Il revenait à sa demeure, quand il fut arrêté soudain par onze Bédouins. Ancien libanais de Déiril-Camar, il ne voulut pas se laisser massacrer sans se défendre. N'ayant pas d'armes, il prit des pierres, et les lançant à ses agresseurs il leur cria:

« Lâches, vous êtes onze contre un. »

Dédaignant cette insulte, ceux-ci l'entourèrent, et le frappèrent avec des masses portant ces longs clous dont on se sert pour ferrer les animaux.

Le chrétien protégeait son front et sa tête avec ses bras contre les coups qui l'atteignaient. Bientôt ensanglanté, un de ses poignets fut à moitié brisé, mais rien ne le fit céder.

« Nous perdons notre temps », dirent les persécuteurs, « finissons-en. »

Un d'entre eux saisit un poignard et l'enfonça jusqu'à la garde dans le dos de M. Doumani.

Le blessé tomba. Par un raffinement de barbarie, afin qu'il souffrît plus longtemps, les Druses ne voulurent pas l'achever: ils le laissèrent se débattre contre la douleur et la mort.

Dieu veillait sur son serviteur qui fut recueilli par une famille musulmane témoin de ce qui s'était passé. Comme il était glacé et sans mouvement, on dut le mettre près d'un feu ardent pour le ranimer.

Enfin, après quelques heures, M. Doumani reprit connaissance. Il souffrait horriblement et perdait une grande quantité de sang. Il demanda avec une connaissance parfaite de son état qu'on mît du beurre sur un peu de pain et qu'on l'appliqua sur sa plaie. On n'avait que de vieille huile d'olive toute figée. Une compresse de cette huile fut posée sur la blessure béante. Le liquide pénétra dans le corps du patient qui en ressentit le goût. Il se crut perdu et se recommanda au Seigneur. Cependant sa vie se prolongea et les soins dont il fut entouré parut un instant éloigner la mort.

Trois jours s'écoulèrent. Ordre fut donné de réunir à la citadelle, pour une dernière exécution, tous les chrétiens qui avaient survécu au massacre. Les musulmans qui en cacheraient quelques-uns, étaient menacés de la prison et de la mort.

On traîna le martyr à cet endroit. Dieu voulait le consoler avant le dernier supplice. Il trouva sa femme et ses enfants et put s'entretenir avec eux.

En effet, Joseph et son frère, après leurs courses multipliées dans Damas, après leurs trois nuits passées sur la terre nue dans les angles des maisons, et dans des coins déserts, avaient été conduits avec les autres Chrétiens à la citadelle.

Jusqu'alors Joseph n'avait presque pas senti les brûlures de ses pieds, mais voilà qu'en marchant sur la chaux vive semée dans le chemin, il éprouva soudain une si vive douleur qu'il s'évanouit. On le releva. Il fut avec son frère porté par les chrétiens à la forteresse. A peine était-il entré, que soudain au milieu de la foule, les enfants et la mère se reconnurent. Ils se jetèrent dans les bras les uns des autres. Joseph avait souffert pour la foi ; Gabriel, le plus jeune, s'était montré vaillant pour la même cause. Maintenant la mère héroïque avait autour d'elle, à l'heure du martyre, tous ceux qu'elle aimait. Elle les conduisit sous la tente où gisait M. Doumani. Il sourit à ses enfants. Le plus jeune le regarda en lui disant avec un gémissement : Père, j'ai faim. Et le père versa des larmes d'angoisse. Dieu avait permis qu'il ne fut pas dévalisé. Il put, par un de ses parents, faire acheter du pain pour rassasier les pauvres petits.

Les Chrétiens restèrent plus de deux mois enfermés dans la prison que leur avaient choisie leurs ennemis. Un ordre fut donné un jour de les séparer en deux groupes : les hommes, et les jeunes gens d'un côté ; les femmes et les jeunes filles de l'autre. Les Druses voulaient tuer les premiers et réserver les secondes pour l'esclavage ou le harem.

Ce fut une heure de terrible anxiété. Des pleurs coulèrent de tous les yeux ; des adieux déchirants se firent entendre. Rien ne toucha les bourreaux. Les pères de famille, les frères, les petits enfants formèrent bientôt une foule désolée et inconsolable.

La boucherie devait commencer à quatre heures du lendemain. Un pont joignait la citadelle à la ville, un torrent coulait au fond d'un ravin. Sur le pont les victimes seraient frappées, et les flots emporteraient au loin les cadavres.

Les catholiques entourèrent en ce moment un prêtre qui se trouvait au milieu d'eux et lui demandèrent l'absolution. Mais le prêtre paralysé par l'effroi ne put articuler aucune parole.

C'est alors que M. Béchara Doumani, (Béchara est un prénom qui signifie annonciation), se tint debout et se traînant auprès du pauvre prêtre :

« Mon Père, remettez-vous, dit-il, ne vous troublez pas ; nous avons le temps, donnez nous l'absolution ».

Réconforté par la vaillance du martyr, le ministre de Dieu leva enfin ses mains tremblantes et prononça les paroles sacramentelles du pardon.

Cependant M. Doumani voyait ses compatriotes donner des signes d'un effroi bien compréhensible en cet instant. Tous songeaient à l'avenir réservé à leur mère, à leur épouse, à leurs jeunes filles. Ils les voyaient dans les mains de ceux dont ils connaissaient les vices et la méchanceté. Le héros eut en cet instant critique la pensée de leur adresser quelques mots pour les réconforter.

Bon et affable autant que courageux, il était aimé et respecté par ses compatriotes.

Voici ce que lui inspirèrent sa foi ardente et sa charité :

« Mes chers amis, je ne suis pas orateur, permettez-
« moi cependant de vous dire quelques paroles. Levez
« les yeux au ciel et regardez ces couronnes préparées
« pour vous et suspendues au dessus de vos têtes. Plu-
« sieurs parmi nous ont versé déjà leur sang pour le nom
« de Jésus-Christ ; dans quelques minutes, c'est notre vie
« que nous lui offrirons. Reprenez courage, nous allons
« mourir, que votre foi se montre ferme et inébranla-
« ble ! Malheur à qui par crainte en arriverait à l'apos-
« tasie ! S'il en était un seul, je pense que Dieu permet-
« trait à mes ossements de sortir du tombeau, et qu'ils
« viendraient lui reprocher sa lâcheté. D'ailleurs je
« vous promets que ma tête sera la première tranchée de

« vant vous, vous n'aurez qu'à me suivre ensuite dans le
« chemin de la gloire et de l'immortalité. »

Tous, soulevés par ses ardentes paroles, s'écrièrent :

« Nous sommes prêts à mourir avec vous, nous ne
renierons pas notre foi. »

Les courageux chrétiens, dans un élan commun de
tendresse, se serrèrent la main et formèrent la plus
belle gerbe d'élus que le ciel eut contemplé depuis longtemps. Le Seigneur pouvait la cueillir, elle était mûre.

A deux heures, la porte de la citadelle où les chrétiens étaient enfermés, s'ouvrit tout-à-coup. M. Béchara Doumani se présenta fièrement. Il attendait l'exécution.

Dieu se contenta de sa bonne volonté, la France était
intervenue. C'était l'heure du salut et de la liberté. Un
ministre plénipotentiaire de la Turquie entra avec la
révocation des ordres iniques.

Les chrétiens sortirent alors et furent immédiatement
dirigés sur Beyrouth.

On donna un cheval à chaque famille pour porter les
blessés qui étaient nombreux.

M. Doumani, et son fils Joseph furent attachés, chacun
sur une planche et hissés sur l'animal. Ils partirent
avec leurs compagnons d'infortune. Le soleil était brûlant, les chemins, escarpés et pleins de pierres. Ce fut
un surcroît de tortures pour les généreux confesseurs de
la foi et qui se prolongea pendant quatre jours.

Ils arrivèrent enfin. L'abbé Lavigerie préludant aux
missions que la Providence devait lui imposer plus tard
en Afrique, distribua aux victimes de la persécution
ce que la charité française, toujours inépuisable, toujours grande, lui avait confié.

M. Béchara Doumani guérit de sa blessure après une
année de douleurs. Son fils aîné, aujourd'hui Mgr
Doumani, garde les restes de la sienne dans une grande
difficulté de marcher. Son jeune frère est au ciel. Dieu l'a
choisi pour les prémices de la famille et sans doute
pour son protecteur.

Les survivants entourent à l'heure actuelle de leur

filiale vénération M. Doumani encore existant, et le père ne cesse de leur dire, toujours avec la même émotion :

« Mes enfants, c'est aux prières de votre sainte mère, que nous devons notre conservation. »

TRIPOLI DE SYRIE

Cette ville antique et célèbre, située à 65 km. N.-E. de Beyrouth, au pied occidental du Djébel-Tourbol, dans la Turquie d'Asie, est bâtie, dans sa partie élevée, sur un massif isolé. Elle est traversée en partie par le Nahr-Abou-Ali ou Nahr-Kadicha, qui veut dire le Fleuve saint.

Port du Liban septentrional, en même temps échelle de Homs et de Hama pour le haut Oronte, elle mérite aujourd'hui, comme sous les Phéniciens, son nom de *Trois-cités*. (*Tripoli* en grec veut dire *trois cités*), par sa division en trois parties distinctes.

Les Européens l'appellent Tripoli de Syrie pour la distinguer de Tripoli de Barbarie, capitale de la Tripolitaine.

Voici comment cette curieuse ville est construite.

I. — Elle offre d'abord le château de Sandjil ou Saint-Gilles, le Hosn-Sindjil des Mahométans, qui s'élève au Sud de la ville, à 60 mètres d'altitude sur le *Mont des Pèlerins*. On voit à sa gauche la profonde et verdoyante vallée du sinueux Nahr-Kadicha. Des ruelles tortueuses, à pentes escarpées, font communiquer le château avec la haute-ville.

La ressemblance du Sandjil avec le Palais des Papes

à Avignon est frappante. De son sommet, le regard du voyageur embrasse un horizon superbe : le Liban, la plaine et la mer immense.

Sa construction en fait une vaste forteresse, avec portiques, terrasses, salles d'armes offrant le grand caractère du xiie siècle, mais affreusement badigeonnée, avec cours et casemates creusées dans le roc. Les épaisses murailles qui l'entourent ont gardé leurs machicoulis et leurs créneaux. Les turcs ont fait seulement en divers endroits de larges ouvertures pour leurs canons. Au pied occidental du Sandjil, sur la rivière, est un couvent de Derviches tourneurs.

II. — La ville proprement dite, appelée Haute-Ville pour la distinguer du port, est située sur une des dernières terrasses du Tourbol. Le fleuve Nahr-Kadicha la coupe dans sa partie N.-E.

On y voit quelques beaux Khans et un bazar dont les maroquineries ont une certaine réputation. Ses maisons en pierres, ses rues dont quelques unes sont bordées d'arcades, distinguent Tripoli des autres villes de la côte.

Au S.-O., à une petite distance, s'élève la belle mosquée de Taïlan. A l'O. au N.-O. et au N. s'étend la plaine (le *mardji*) où se trouvent des vergers d'une végétation luxuriante. Elle est traversée par une chaussée sur laquelle un tramway relie la ville au port.

III. — Le port, en arabe *El-mina*, est situé sur le côté N.-E. d'une petite péninsule. Il renferme un Khan, de belles maisons, des magasins, des comptoirs.

La rade est protégée du côté N.-O. par un collier d'îlettes ou récifs au nombre de 12 à 15 qui s'étendent sur une longueur dépassant 6 kilomètres.

La population de Tripoli, en y comprenant le port, se compose de 15.000 musulmans, 6.000 grecs-schismatiques, 1.100 maronites, puis de grecs-catholiques, de latins, de protestants, enfin de cinq ou six familles juives : en tout 26.000 habitants dont 7.000 demeurent à El-mina.

Vingt mosquées, 15 églises, plusieurs écoles dont une de filles dirigée par les sœurs de St-Vincent-de-Paul avec un dispensaire, un orphelinat, un hôpital, une autre tenue par les Frères du B. Jean-Baptiste de-la-Salle, sont les monuments les plus remarquables de Tripoli.

Cette cité possède une histoire. Sous les Phéniciens, elle était déjà divisée en trois quartiers, séparés et fermés par un mur, qui formaient les trois comptoirs de Tyr, de Sidon et d'Arad.

C'est à Tripoli que les délégués des cités phéniciennes se réunirent et choisirent Tennés, prince de Sidon, comme général en chef pour diriger les opérations militaires contre Artaxercés III Okhos (359-338).

Prise en 1109 par Baudouin II aidé d'une flotte génoise, elle devint la capitale d'un comté. Bertrand de Saint-Gilles, fils du comte Raymond de Toulouse, en fut le premier possesseur. Il fit bâtir le château sur le mont des Pélerins.

Aujourd'hui Tripoli est la résidence d'un gouverneur (*Moutassaref*) qui dépend du Vilayet de Beyrouth et qui commande à 3 Kazas ou districts : Houssoun, Akkar et Safita, composant le diocèse de Tripoli.

L'ÉVÊQUE DE TRIPOLI

Le R. P. Barnier, de la compagnie de Jésus, qui fut le véritable apôtre de la foi catholique pour la nation grecque-melchite dont il est profondément vénéré, écrivait aux missions catholiques au mois d'octobre 1897.

« Nous voilà, mes néophytes et moi, au comble de nos vœux. Après plusieurs années d'attente et d'instances auprès de S. B. le Patriarche catholique, Mgr G. Youssef voulut bien accorder à ces districts, où le nombre des convertis atteignait, malgré les entraves et les persécutions de toute sorte, le chiffre de trois mille environ, un pasteur et un défenseur autorisé dans la personne d'un nouvel évêque.

« Ce prélat, arrivé depuis quinze jours à Tripoli, où il fera sa résidence, *n'est peut-être pas complètement inconnu de vous, car il a visité jadis la France qu'il aime beaucoup et où il compte de nombreux amis :* c'est Mgr *Joseph Doumani*, longtemps vicaire général puis administrateur du diocèse de Saint-Jean-d'Acre, en Galilée. Je pense cependant qu'il ne sera pas inutile de rappeler quelques détails de sa biographie que j'emprunterai à une correspondance adressée de Damas au journal Al-Bachir.

« Mgr Joseph Doumani est né à Damas, de parents honnêtes et pieux, qui s'efforcèrent de parfaire son éducation et son instruction autant que le leur permettaient leurs moyens. Ils l'envoyèrent, dans ce but, au collège d'Antoura, dirigé par MM. les Lazaristes, et c'est au sortir de là que, dans la fleur de l'âge, le futur évêque de Tripoli dit adieu au monde et à sa famille pour embrasser la vie religieuse.

« Au mois de Juillet 1869, il était admis au nombre des religieux Basiliens de la Congrégation du Saint-Sauveur, et s'y faisait distinguer entre tous par ses qualités, sa piété surtout et son ardeur pour son avancement spirituel. Reconnaissant en lui des aptitudes spéciales pour les hautes études, ses supérieurs l'envoyèrent au séminaire oriental de Ghazir, fondé et dirigé par les Pères Jésuites, pour les jeunes clercs catholiques de l'Orient. Le frère Joseph Doumani s'y trouva donc avec d'autres aspirants au sacerdoce, laïcs ou religieux, Grecs, Maronites, Arméniens, Syriens, Bulgares et Chaldéens.

« Notre jeune Basilien ne tarda pas à se faire remarquer par ses talents, ses progrès et sa parfaite conduite ; mais la maladie vint l'arrêter vers la fin de ces études et l'obliger à regagner son couvent plus tôt qu'il ne l'eût désiré, au grand regret de ses maîtres et de ses condisciples. A peine sa santé se fut-elle un peu remise, que ses supérieurs l'envoyèrent au Caire, dont le climat semblait devoir lui être plus favorable et où tout en continuant l'étude de la théologie, il s'occupait de l'éducation des enfants, dans l'école ouverte pour son rite, par Sa Béatitude Mgr le Patriarche.

« Là, comme partout, il ne fallut pas longtemps au F. Joseph, pour se gagner l'estime et l'affection de tous, par sa bonté, sa douceur, et la droiture de ses intentions. C'est pourquoi, quand, après deux ans, il dut, sur l'ordre de ses supérieurs, abandonner le Caire, ce fut un deuil et des regrets universels pour ceux qui l'avaient connu. L'obéissance appelait notre jeune religieux à Saint-Jean-d'Acre, sur la demande de son oncle Mgr Agapios Doumani, d'heureuse et sainte mémoire, alors évêque de Saint-Jean-d'Acre et environs. C'était en septembre 1876, et le 24 décembre de la même année, l'oncle, qui avait hâte de s'en faire un auxiliaire plus utile, élevait son neveu aux ordres sacrés et lui conférait le sacerdoce.

« A peine ordonné et malgré sa jeunesse, le nouveau prêtre se voyait choisi, à cause de son mérite et de ses aptitudes, pour supérieur des religieux de son Ordre qui se trouvaient dans le diocèse de St-Jean-d'Acre, et Mgr Agapios en faisait son vicaire général et se déchargeait peu à peu sur lui du soin et de l'administration de ses ouailles.

« Pendant les vingt années qu'il consacra au service de ce diocèse, soit du vivant de son vieil oncle, soit après la mort de ce dernier, le R. P. Joseph Doumani ne cessa de montrer le plus grand zèle et d'en donner par des œuvres durables, des témoignages éclatants : quatorze églises bâties par ses soins, douze cures et paroisses rétablies, nombre d'écoles ouvertes et plusieurs Œuvres ou Sociétés de bienfaisance fondées en faveur des pauvres, ne sont qu'une partie des bienfaits de tout genre que sa charité répandait autour de lui.

« Inutile, après cela, de dire que son obéissance était parfaite, habitué qu'il était à regarder, comme la voix de Dieu, tout ordre de ses supérieurs.

« En 1887, le P. Joseph Doumani fut choisi pour faire partie de la députation que S. B. le Patriarche envoyait à Rome présenter au souverain Pontife, à l'occasion de son Jubilé sacerdotal, les hommages et les vœux du clergé et de la nation grecque catholique melchite.

« Peu de temps après, pour son zèle à promouvoir ce jubilé et ses offrandes généreuses, il recevait du Saint-Père la croix *pro Pontifice et Ecclesia*.

« Souvent demandé et choisi pour l'épiscopat, spécialement à Sidon, à Tyr et à Saint-Jean-d'Acre, il refusa toujours une charge et un honneur dont il se croyait indigne; enfin Sa Béatitude lui ayant ordonné au nom de la sainte obéissance, d'accepter l'évêché de Tripoli auquel l'appelait le choix de tous les évêques, il se soumit à la volonté divine, malgré les difficultés, la faiblesse d'un de ses yeux et les souffrances qui l'attendaient dans ce poste de combat où presque tout est à faire et où il y a tant d'ennemis à vaincre.

« C'est le 21 mars 1897, que le nouvel évêque recevait à Damas l'onction épiscopale des mains de sa Béatitude, assistée de NN. SS. Germanos Meakad et Nicolas Cady. Le 18 avril, il arrivait à Tripoli où il était impatiemment attendu, et où il avait demandé qu'on ne lui fît pas de réception officielle et bruyante.

« L'arrivée du nouvel évêque, reprend le R. P. Barnier, a causé la plus vive joie à tous nos pauvres catholiques de la montagne, et leur a rendu le courage et la confiance qui commençaient à chanceler chez plusieurs de nos néophytes par suite de la recrudescence de la persécution et des audacieux attentats de l'évêque et des notables schismatiques contre les biens, les personnes mêmes des convertis, prêtres et laïcs, attentats restés jusqu'ici impunis. Aussi curés et fidèles sont accourus aussitôt à Tripoli, pour saluer ce pasteur dont la réputation de zèle et de sainteté avait déjà gagné le cœur de tous et pour lui demander sa bénédiction et sa protection.

« Tous sont retournés chez eux, consolés et fortifiés

pour la lutte et bénissant le Seigneur de leur avoir accordé un évêque digne de ce nom, un vrai successeur et imitateur des apôtres ».

« Pour moi, continue le R. P. Barnier, qui avait aussi demandé au ciel et à sa Béatitude, ce nouvel évêque pour le petit troupeau péniblement ramené au bercail, encore si faible et si éprouvé, je suis heureux de voir que la réalité dépasse encore mon espérance. Aussi je souscris avec joie aux paroles par lesquelles le correspondant du Bachir terminait l'éloge de Monseigneur Doumani. Tout fait donc espérer que par les soins, l'activité et le zèle d'un tel pasteur, le nouveau diocèse va s'accroître, prospérer et réjouir le cœur du Saint-Père. C'est, en effet, pour répondre aux ardents désirs du suprême pasteur et comptant sur ses ferventes prières que malgré mille contradictions et impossibilités apparentes, nous avons, il y a neuf ans bientôt, entrepris la conquête de ce vaste diocèse sur le schisme et l'hérésie. Désormais, le plus difficile est fait et nous sommes maintenant assurés que Celui qui nous a donné de vouloir et de commencer tout seul cette œuvre si difficile, nous donnera de la voir rapidement s'avancer et enfin s'achever. N'en avons-nous pas un gage certain dans le choix que le ciel a fait de Mgr Joseph Doumani pour lui confier cette importante et bien laborieuse entreprise.

« Ai-je besoin de solliciter pour ce nouvel évêque et ses œuvres multiples, le secours de vos prières et celles de vos si charitables lecteurs ? Ce qui précède vous les aura assez recommandés, je pense, et je suis assuré que vous voudrez bien lui accorder une large part de vos aumônes pour l'aider à réaliser tous ses vœux ! »

Nous n'ajouterons que quelques lignes à la lettre si élogieuse du R. P. Barnier pour peindre davantage celui que nous présentons à nos chers lecteurs.

Mgr Doumani était à Damas pour son sacre. Il suivait la procession avec sa Béatitude Mgr Grégoire Youssef qui devait le consacrer, Mgr G. Méacade évêque de Lattaquié, et Mgr Cady, archevêque de Hauran, assistants du patriarche, quand tout à coup, on le vit abandonner le cortége. Bientôt il s'agenouilla devant deux vieillards en demandant leur bénédiction.

C'étaient le père et la mère du nouveau prélat. Des larmes coulèrent de tous les yeux quand on vit le vénérable confesseur de la foi lever ses mains sur le front de celui qui bientôt allait le bénir à son tour, non plus avec des paroles humaines, mais avec celles de Dieu lui-même. Ah! que la religion catholique renferme de belles et suaves émotions !

Aussitôt que Mgr Doumani fut évêque de Tripoli, le désir de ramener les schismatiques au bercail, tourmenta son âme. Il savait que Notre-Seigneur avait dit : *Apprenez de moi que je suis doux et humble de cœur*, et qu'il avait converti les égarés par sa bonté. Pour ne pas offenser les schismatiques, ni s'attirer leur haine, il entra incognito dans la ville épiscopale.

Par ce premier trait si rempli de délicatesse, il gagna les cœurs de plusieurs, mais, hélas! beaucoup demeurèrent hostiles et pleins de défiance. Ils rendent encore aujourd'hui le ministére de Mgr Doumani si difficile qu'il ressemble à un douloureux martyre.

LE COMMENCEMENT D'UN ÉPISCOPAT

« Je viens d'achever la visite de mon diocèse, écrivait aux missions catholiques l'année dernière, Mgr Doumani, quelle pauvreté et quelle acharnée persécution de la part des Grecs schismatiques ! Plusieurs de mes diocésains sont menacés de perdre le peu de biens qu'ils ont, d'autres sont jetés en prison et ne peuvent plus vivre en paix chez eux ; ils errent çà et là jusqu'à ce que la persécution ait cessé.....

« Tous mes diocésains recourent à moi pour les sauver et les aider à se justifier devant le gouvernement, ce que je ne puis faire que par de l'argent. Je suis pauvre, aidez-moi dans mes nombreuses et urgentes nécessités. »

Mais entrons dans le détail nous verrons quel intérêt méritent les œuvres de Mgr Doumani.

Sa première pensée, en arrivant dans son diocèse, fut pour l'Église dans laquelle il devait célébrer les saints offices.

Celle à laquelle les catholiques donnaient à Tripoli le nom de cathédrale, était fort pauvre et si petite qu'elle ressemblait à une chapelle. Il fallut songer à l'agrandir de quelques mètres. Mais avant il était nécessaire de payer les cinq mille francs de dettes, laissées par le vicaire gérant, pour ne pas donner aux ennemis de la foi, des raisons d'attaquer le nouveau Pontife et de ruiner son influence; 2500 francs furent dépensés pour cet agrandissement, pour des bancs et pour une modeste chaire.

La demeure, appelée palais épiscopal, était dans le même délabrement que l'Église. Simple maison composée de cinq ou six chambres ruinées, elle n'était protégée par aucune clôture. On dut y ajouter quatre autres chambres et l'entourer de murs; une somme de 6000 fr. fut nécessaire.

Après avoir ainsi employé une douzaine de mille francs dans les frais de premier établissement, Mgr Doumani songea à entreprendre sa première visite pastorale, à cheval, sous un soleil brûlant, au prix de mille fatigues.

Nous savons, par le passage que nous avons cité tout à l'heure, combien elle fut douloureuse et triste. De nombreux faits lui montrèrent quel esprit diabolique animait les schismatiques, clergé et fidèles; quelles persécutions ils étaient capables d'inventer à chaque instant contre leurs frères catholiques.

Citons quelques exemples:

Mgr Doumani fut dès le commencement une victime contre laquelle se coalisèrent les trois évêques grecs-séparés du pays.

Ils avaient sous leur autorité, dans le diocèse du nouveau Pontife, de soixante-dix à quatre-vingt mille schismatiques, celui-ci ne comptait que quelques milliers de fidèles.

Leur première tentative fut une calomnie qui fut prise en considération comme tout ce qui est absurde.

Ils envoyèrent une dépêche à Constantinople disant qu'un français déguisé, prenant le titre d'évêque, venait de rentrer à Tripoli pour gagner le pays à la France, pour le bouleverser, pour soulever une révolution,...etc...

Une enquête fut ordonnée ; elle aboutit à montrer l'origine ottomane de la pieuse famille à laquelle appartenait Mgr Doumani, famille qui avait donné à l'Église deux évêques, plusieurs prêtres, et plusieurs religieuses.

Cette accusation qui tourna contre ses inventeurs entrait dans le système de vexations auxquelles les grecs unis étaient en butte.

Les schismatiques, en effet, depuis de longues années, les attaquent de toutes les manières. Ils coupent leurs arbres, éventrent leurs bestiaux, les volent, les frappent, les insultent. Ils les accusent injustement devant l'autorité et les font mettre en prison.

L'évêque alors doit prendre en mains la cause de ses ouailles, les faire défendre par des avocats, et enfin, mais à prix d'argent, arriver à prouver leur innocence.

Le curé du Macheta, le P. Gabriel Id, est un jour invité dans une maison catholique. Plusieurs schismatiques guettent sa sortie. Ils l'entourent, le frappent et finissent par lui couper sa barbe blanche. Or, couper la barbe à quelqu'un est, dans l'Orient, le déshonorer. Autant vaudrait lui trancher la tête. Ici, il s'agissait d'un digne vieillard de 70 ans.

A Edbel, village situé à six heures de Tripoli, un schismatique nommé Calil-Diab (Diab est le pluriel de loup), fait brûler des chiffons dans son église. Une fumée intense s'élève. Rien ne se consume, car la matière inflammable est adroitement posée. Cependant le schismatique crie au feu, puis il accuse les catholiques d'avoir voulu détruire le temple. Les principaux grecs-unis sont mis en prison. Ils n'en sortent qu'à la prière de Mgr Doumani qui doit donner pour eux plus de 200 francs.

A Tannourim, l'évêque schismatique, Nicodème, suivi d'une dizaine de personnes : prêtres, domestiques, janissaires, assiègent l'église catholique dans laquelle s'est réfugié le Curé, le P. Antonios Jamal, après en avoir barricadé la porte. Bientôt les agresseurs enfoncent cette porte et font sortir le pauvre prêtre tout tremblant. Ils le rouent de coups de bâton et de coups de pieds en le conduisant au sérail comme un malfaiteur. Nul ne veut l'entendre, ni examiner sa cause. On le jette brutalement en prison. Il y reste deux mois. Monseigneur ne le fait sortir qu'avec beaucoup de peine et après avoir payé cent cinquante francs. Les schismatiques l'accusaient de s'être emparé de leur Église. Or, le sanctuaire où le curé catholique célébrait les offices de son rite avait été construit par le R. P. Barnier avec une aumône de la France. Ce qui n'empêcha pas les grecs séparés de garder le temple saint, de s'emparer de tout ce qu'il contenait : calice, livres liturgiques, ornements sacerdotaux. Ils sont encore en possession de ces biens enlevés par la violence. Le pouvoir ne les inquiète pas, ils sont riches, nombreux, très influents et leurs nombreux cadeaux empêchent la justice d'avoir son cours.

D'ailleurs les schismatiques ne se sont pas contentés de confisquer l'Église de Tannourim, ils ont pris aussi celle de Naba-Carcar, et celle de Aïn-Dabech, avec tous les objets du culte et les retiennent encore.

On le voit, c'est surtout au clergé fidèle qu'ils en veulent.

Le P. Boutros Mallouhy a été battu et mis en prison, mais il n'est resté que quinze jours sous les verrous.

Les schismatiques ne se bornèrent pas à ces exploits. Ils empoisonnèrent deux autres prêtres qui moururent martyrs de leur fidélité à la foi catholique : le

P. Spiridonos Salamet et le P. Abdalla Rabah.

Le P. Athanassios Sérougy nous offre un côté curieux de la persécution organisée par les schismatiques contre les catholiques.

A Chek-Mouhamad, les grecs séparés se prirent de querelle. L'un d'eux, sans le vouloir peut-être, donna un coup si malheureux à son adversaire, qu'il le tua.

Pour échapper aux poursuites de la justice musulmane, les schismatiques résolurent d'accuser les catholiques.

Il est une coutume curieuse en Orient. Quand un homme a été tué, les parents de la victime peuvent exercer pendant trois jours un droit de vengeance qui s'appelle *la Fureur du sang*, et qui leur permet de massacrer, de piller, d'incendier dans la maison du meurtrier et de ses parents.

Le gouvernement est obligé de fermer les yeux surtout quand il s'agit de chrétiens.

Dans le cas présent pour éviter ces trois jours de la *Fureur du sang*, le pouvoir emprisonna neuf des principaux grecs melchites et avec eux, le P. Athanassios Sérougy. En contentant les schismatiques qu'il semblait écouter, il espérait encore obtenir du Patriarche catholique une forte somme d'argent.

Le prêtre et ses compagnons restèrent sept mois en prison, malgré les lettres les plus pressantes du Consul français et du Patriarche. Ce dernier dût donner plus de cinq mille francs: trois mille pour que les victimes soient reconnues innocentes par ceux qui savaient bien comment les choses s'étaient passées, et deux mille pour l'entretien et la nourriture des catholiques pendant leur longue détention.

Les maronites eux-mêmes sont souvent persécutés à cause de leurs sympathies pour les grecs melchites. Ils sont dans les meilleures relations avec Mgr Doumani qui les considère, avec raison, comme ses frères dans l'unité de la même église et leur demeure très reconnaissant et infiniment obligé.

La différence des rites et de la nationalité n'empêchent pas la charité. Devant une même croix, avec la même foi et les mêmes espérances, tous se défendent, se soutiennent et s'aiment pour la gloire de Jésus-Christ.

Ainsi plusieurs Maronites ont été mis en prison, pour avoir, dans la loyauté de leur conscience, donné, en justice, un témoignage favorable à leurs frères Melchites. Les ennemis de ces derniers les avaient menacés. Leur pression fut vaine. Ils parlèrent comme de nobles âmes, amoureuses avant tout de la justice et de la vérité. Plusieurs ont été mis en prison et l'un d'eux a été condamné à trois ans de détention.

Les schismatiques s'étaient entendus pour prouver injustement qu'il avait rendu un faux témoignage, contre un des leurs dans une affaire avec un grec melchite de Tamourim, alors qu'il avait défendu les droits évidents de l'accusé.

Il faut bien penser aussi que l'évêque n'est pas épargné. Nous en avons donné une preuve.

En voici d'autres :

Il n'est pas d'avanie dont ne soit victime à chaque instant Mgr Doumani. On lui jette des pierres, on vient le voler jusque dans sa maison, on menace ses jours. C'est par miracle qu'il échappe à des embûches continuelles.

Parlons maintenant de la pauvreté de ses diocésains. Dans le cours de sa visite pastorale, le pontife vit des choses navrantes pour son cœur de prêtre. Les garçons et les filles étaient couverts de haillons. Plusieurs mêmes se trouvaient sans aucun vêtement. Or les enfants catholiques jouent dans les rues avec les schismatiques et les musulmans. De là des dangers que tout le monde peut comprendre.

Dans le village de Jaoir-el-Afs, l'évêque fut tellement attristé du spectacle qui s'offrait à lui, qu'il se rendit chez le marchand d'étoffes, acheta tout le calicot, malheureusement le négociant n'en possédait qu'à peu près deux cents mètres. Le pontife en donna deux mètres à chaque mère de famille pour faire au moins des caleçons à leurs jeunes filles.

Les schismatiques ne pouvaient s'empêcher de dire : « L'évêque catholique ne ressemble pas au nôtre, il donne au lieu de demander sans cesse. »

Il est facile de faire maintenant le budget du vénérable évêque de Tripoli. En comparant à des ressources qui sont si minimes, les œuvres imposées par les besoins du diocèse, on se demande comment l'évêque peut les entreprendre. Heureusement que la Providence veille sur les défenseurs de la foi.

Mgr Doumani doit pourvoir à son humble subsistance, à celle de son vicaire général, de son secrétaire et du curé de sa ville épiscopale de Tripoli.

Il est obligé d'assurer l'existence de tous ses prêtres et celle de ses écoles pour les filles et pour les garçons.

La construction des églises et des presbytères, l'achat des terrains pour les cimetières dans chaque village où se trouvent des catholiques sont à sa charge.

Le gouvernement turc ne lui alloue aucune allocation.

Il ne possède aucune fortune personnelle. Ses recettes, dans les dix huit mois de son épiscopat, furent les suivantes :

De sa Béatitude feu Monseigneur G. Youssef.	6000 fr.
Du Vicaire Patriarcal pendant la vacance .	2000 »
De Monseigneur le Délégué Apostolique de Syrie.	1300 »
Par les Missions Catholiques.	1000 »
Des diocésains de Saint-Jean d'Acre . . .	1000 »
De sa Béatitude Monseigneur P. Géraïgiry.	5000 »
De Mgr. l'Évêque grec-catholique d'Alexandrie.	200 »
De divers Bienfaiteurs et Bienfaitrices Français	1000 »
De divers Bienfaiteurs et Bienfaitrices Suisses	600 »
A REPORTER . . .	18100 »

REPORT . . . 18100 fr.

De feu Béchara Coury, grec-catholique de
 Beyrouth. . . . . 500 »
Du Supérieur de la Grande-Chartreuse. . . 200 »
Allocation annuelle de R. P. Charmetant. . 500 »
De divers Bienfaiteurs grec-catholiques de
 Damas et de Beyrouth . . . . 700 »
            20000 fr.

Voici les dépenses : les chiffres ont ici une douloureuse éloquence :

Agrandissement, chaire épiscopale et orne-
 mentation de l'Église de Tripoli. . . . 2500 fr.
Maison épiscopale et sa clôture. . . . . . 6000 »
Dettes payées . . . . 5000 »
Personnel des écoles (pendant 18 mois) en
 dehors de celles tenues par les RR.PP.
 Jésuites. . . . . 5400 »
Pour le personnel de l'Évêché, secours aux
 pauvres, hospitalité quotidienne, etc . 3500 »
Annuels aux curés et impôts, etc. . . . . . 2400 »
Frais des procès intentés aux catholiques . 2200 »
            27000 fr.

BALANCE

Dépenses . . . . 27000 fr.
Recettes. . . . . 20000 »
          7000 fr.

Le vénérable évêque est donc endetté de sept mille
francs.

Les besoins augmentent sans cesse, nous pouvons nous
demander comment le zélé prélat arrive à faire face
à toutes les nécessités.

Aussi que de choses son cœur déchiré doit-il laisser
en souffrance !

Il faudrait recommencer une douloureuse énumération.

A Tripoli-ville, Mgr Doumani possède la petite église
dont nous avons parlé, mais à Tripoli-port, (El-mina)
les offices se célèbrent dans une chambre.

Quatre grands villages. Miniara. Edbel. Safita et Rabah possèdent des chapelles. mais dans tous les autres on officie dans des maisons que l'on a louées dans ce but.

Sa Grandeur a reçu de Constantinople le firman pour construire deux églises l'une à Miniara et l'autre à Chek Mouhamad. mais sans argent comment commencer les travaux. Une église coûte environ dix à douze mille fr.

Nos catholiques français se récrieront : une église à douze mille francs ! Oui. mais là-bas les matériaux seuls sont payés. Hommes. femmes. enfants. prêtres et évêque. comme aux premiers siècles. donnent leurs fatigues sans compter. quand ils ont le reste. Le temple devenu l'œuvre de tous. s'élève comme un monument de foi et de piété populaire. et les églises ne sont pas trop grandes là-bas.

VOYAGE EN EUROPE

Poussé par la misère et les besoins de son pauvre diocèse. Mgr Doumani. avec l'autorisation de son patriarche dont il est l'ami tout particulier. a résolu de venir en Europe.

Sa première visite a été pour sa Sainteté le Pape Léon XIII. glorieusement régnant.

L'auguste pontife du Vatican a reçu le confesseur de la foi comme un père qui lui-même connait les amertumes de la souffrance. reçoit son fils affligé. C'étaient deux grandes douleurs qui se rencontraient et qui se trouvaient faites pour se comprendre et pour se consoler.

Le successeur de Pierre a témoigné à l'évêque de Tripoli la plus vive affection. Il l'a encouragé par les plus tendres paroles. Il lui a promis de lui venir en aide.

C'est le cœur débordant de joie. après avoir sollicité

la bénédiction apostolique pour lui-même, pour ses prêtres et ses diocésains, pour ses bienfaiteurs surtout,
que Mgr Doumani est sorti du Vatican.

Cependant une tristesse se mêle aujourd'hui à cette
joie, le digne évêque n'a qu'une promesse, et les ressources du saint Père sont tellement amoindries qu'il
peut craindre d'attendre longtemps les secours désirés
et si nécessaires.

D'autant plus qu'allant voir son Éminence le cardinal
Lodokowski, préfet de la propagande, et son Éminence
le cardinal Rampolla, il apprit de la bouche des prin-
ces de l'Église que Rome était dans l'impossibilité ab-
solue de lui venir en aide à cause de la diminution con-
sidérable des revenus. Le monde chrétien semble ne
plus comprendre la nécessité d'aider par des aumônes
le siége de Pierre, centre de toutes les églises et soutien
de toutes les missions catholiques.

C'est pourquoi Mgr Doumani a jeté son regard vers
la France qu'il aime de cette affection qu'ont pour elle
les catholiques de l'Orient.

Il est arrivé dernièrement à Paris où il espère sé-
journer pendant quelque temps.

Les liens qui m'attachent à l'église grecque melchite
devaient forcément me mettre en relation avec ce saint
évêque martyr, dès son enfance, pour la foi catholique.

Je l'ai vu longuement. Sa figure amaigrie porte l'em-
preinte des souffrances qui déchirent son âme, mais en
même temps une souveraine résignation, au dessein de
Dieu sur lui, se peint dans son regard.

C'est véritablement l'homme de Dieu, l'évêque des
temps apostoliques, où le peuple et le clergé choisis-
saient des pasteurs prêts à sacrifier leur vie pour le
bien des âmes et pour la gloire du Rédempteur.

Mgr Doumani parle admirablement le français avec
un léger accent arabe qui donne un charme tout particulier à ses récits sur l'Orient.

On ne peut pas l'entendre défendre sa nation, expo-
ser ses projets, raconter les souffrances des Chrétiens
orientaux sans se sentir ému de pitié.

« Si l'on ne me soutient pas, me disait-il avec un vif sentiment d'angoisse, mon œuvre périra à la grande joie des schismatiques. Haineux et fanatiques, il font tout ce qu'ils peuvent pour empêcher les conversions. Cependant parmi eux se trouvent des âmes de bonne foi, très faciles à ramener, surtout dans les nombreux villages qui n'ont ni église ni prêtre. »

Il compte sur le secours des R. P. Jésuites et de MM. les Lazaristes. « Sans eux, a-t-il répété plusieurs fois, j'aurais été contraint de donner ma démission. »

Le R. P. Barnier nous a appris combien il était aimé par ses anciens maîtres et par ses collaborateurs du clergé latin.

Cependant, devant les nécessités qui l'enlacent de toutes parts, il s'appuie sur la charité catholique, spécialement sur celle de notre nation.

C'est de cette pensée qu'est née la présente brochure.

« Vous avez parlé, mon cher chanoine et ami, me disait-il, de nos patriarches dans l'église de Saint-Julien le Pauvre, devant la plus illustre assemblée. Son Ém. le Cardinal Archevêque de Paris, son Exc. Mgr le Nonce Apostolique ont par vous connu des pages glorieuses de notre histoire. Vous avez appris à cette ville de Paris ce que fut S. B. Mgr Grégoire Youssef. Plus de soixante journaux ont approuvé l'éloge funèbre que vous aviez composé en son honneur. Il en fut de même quand vous avez affirmé ce qu'a été et ce que sera S. B. Mgr Pierre Géraigiry. L'élection de nos chefs suprêmes que vous avez raconté avec tant de charme et d'éloquence, a captivé tous ceux qui s'intéressent aux questions d'Orient si importantes pour la France. »

« Faites quelque chose pour le pauvre évêque de Tripoli. Le bon Dieu bénira votre travail. C'est avec bonheur que j'ai choisi un Français comme le premier chanoine de mon nouveau diocèse. Votre patrie m'est chère à plus d'un titre. Tout en demeurant le plus fidèle sujet de l'empire Ottoman, je m'intéresse à la gloire et à la prospérité de la France. Dieu compte toujours sur elle pour répandre la foi. Puisse-t-il la combler des plus abondantes bénédictions. »

CONCLUSION

Comment ne pas encourager et aider de tout son pouvoir ce digne Pontife déjà confesseur de la foi ? Comment ne pas le recommander à la charité des âmes pieuses que passionne le salut des schismatiques plus encore que celui des infidèles, parce que, sur la frontière de la vérité, ils n'ont besoin que d'une main paternelle pour les amener à la pleine lumière de nos dogmes chrétiens ?

Travailler pour l'unité de l'Église c'est travailler pour l'épouse de Jésus-Christ, c'est le toucher au cœur en augmentant la puissance maternelle de celle qu'il aime, qu'il veut sans tache, ni ombre.

Le diocèse de Tripoli et l'œuvre des conversions entreprise par sa Grandeur Monseigneur J. Doumani, sont donc dignes de la charité et de la sympathie des catholiques français, et de celles de toute l'Europe.

J'ose leur adresser cet appel. Ils ne voudront pas que la mission du digne évêque soit arrêtée, que les ennemis du Sauveur triomphent, enfin, que le schisme jouisse dans sa désolante stérilité, d'une victoire rendue facile par le triste abandon des Chrétiens.

S. B. Monseigneur Pierre Géraigiry, patriarche Grec Melchite Catholique d'Antioche, d'Alexandrie, de Jérusalem et de tout l'Orient, a, nous l'avons dit, une affection particulière pour Mgr Doumani. Il sera très particulièrement reconnaissant à tous ceux qui voudront aider le pontife, son ami, dans cette fondation d'un diocèse. Il n'oublie pas que lui même doit à la générosité de la France d'avoir pu constituer presque tout entier celui de Panéas, autrefois Césarée de Philippe.

Pour la gloire du nom de Jésus-Christ, pour l'affermissement de l'Église dans son unité, pour le triomphe des idées saintes que fait naître le *Credo* catholique partout où des voix fidèles le proclament, envoyez votre obole à Mgr Doumani.

Ce sont des pauvres qui vous demandent le pain vivant, c'est-à-dire la croyance à l'Église une, sainte, catholique, apostolique et romaine. Pourriez-vous les laisser mourir de faim dans les bras de l'hérésie ? Oh ! non. Avec leur Père céleste, donnez-leur une mère, la vôtre, et Dieu bénira votre compassion.

Monseigneur Doumani restera en France pendant trois mois. Il recevra les offrandes de ceux qui seront touchés de ses peines à l'Hôtel Fénélon, rue Férou, nº 11 à Paris.

Après ce laps de temps, les personnes qui s'intéresseraient au cher diocèse de Tripoli pourront nous adresser leurs dons : *M. l'Abbé Dubois, docteur en théologie, chanoine honoraire de Tripoli, 5, rue Vallier, Levallois-Perret (Seine) et à M. l'abbé P. Legros Vicaire Général de Tripoli de Syrie, curé de Saint-Germain de Paulin, Seine.*

Nous sommes à leur disposition pour leur donner tous les renseignements désirables sur la fondation des églises et des écoles, sur les honoraires de messes à envoyer aux pauvres prêtres du diocèse de Tripoli, sur les charités que l'on peut faire aux catholiques en vêtements, en aumônes, etc., etc.....

L. M. DUBOIS.
CHANOINE DE TRIPOLI
5, rue Vallier,
LEVALLOIS-PERRET (Seine)

Imp. J. Barreau, 5, rue de Rennes, Paris.